**UM DEUS
QUE DANÇA**
ITINERÁRIOS
PARA A
ORAÇÃO

**UM DEUS
QUE DANÇA**
ITINERÁRIOS
PARA A
ORAÇÃO

JOSÉ
TOLENTINO
MENDONÇA

Paulinas

**Dados Internacionais de Catalogação na Publicação (CIP)**
**(Câmara Brasileira do Livro, SP, Brasil)**

Mendonça, José Tolentino

  Um Deus que dança : itinerários para a oração / José Tolentino Mendonça. – São Paulo : Paulinas, 2016.

  ISBN 978-972-39-0746-9 (Ed. original)
  ISBN 978-85-356-4192-9

  1. Oração 2. Vida espiritual I. Título.

16-05017                                    CDD-242.2

**Índice para catálogo sistemático:**
1. Orações : Vida cristã : Cristianismo 242.2

Título original: Um Deus que dança. Itinerários para a oração
© Secretariado Nacional do Apostolado da Oração, Braga, 2013

1ª edição – 2016
4ª reimpressão – 2024

Direção-geral: Bernadete Boff
Editora responsável: Vera Ivanise Bombonatto
Copidesque: Ana Cecilia Mari
Coordenação de revisão: Marina Mendonça
Revisão: Mônica Elaine G. S. da Costa e Andréia Schweitzer
Gerente de produção: Felício Calegaro Neto
Projeto gráfico: Irene Asato Ruiz
Ilustrações: João Norton

Nenhuma parte desta obra poderá ser reproduzida ou transmitida por qualquer forma e/ou quaisquer meios (eletrônico ou mecânico, incluindo fotocópia e gravação) ou arquivada em qualquer sistema ou banco de dados sem permissão escrita da Editora. Direitos reservados.

Cadastre-se e receba nossas informações
paulinas.com.br
Telemarketing e SAC: 0800-7010081

**Paulinas**
Rua Dona Inácia Uchoa, 62
04110-020 – São Paulo – SP (Brasil)
📞 (11) 2125-3500
✉ editora@paulinas.com.br
© Pia Sociedade Filhas de São Paulo – São Paulo, 2016

A oração não
se constrói
de palavras,
mas de relação.
Não são
as palavras
o mais importante,
mas a celebração
de um encontro.

# Prefácio
A oração

Comove-me até as lágrimas o gesto coletivo de oração: os muçulmanos prostrados, voltados para a Meca, os cristãos fazendo o sinal da cruz. E comovem-me as mesquitas, e comovem-me as catedrais, as casas para rezar. Porque, mais do que palavras, julgo que a oração é um estado. Um estado de humildade e um estado de alegria. Que pode ser privado ou coletivo. E que envolve necessariamente o corpo, porque sem ele não há pessoas, porque o ser humano é carne, aquela, como diz São João, em que o Verbo se fez. Não me choca a mortificação física: as peregrinações de joelhos, a autoflagelação dos monges, os jejuns. São ofertórios: ofertas talvez estéreis ou infelizes, mas ofertas do nosso eu. Sendo nós carne, só através da carne chegaremos a Deus. O crucifixo no-lo ensina. A oração é despojar-se de si mesmo, é querer estar diante de Deus. E ferir o próprio corpo é uma forma primitiva de reconhecer a transcendência, de nos humilharmos, de anteciparmos a morte, de nos reconhecermos como corpo diante do tempo. Tanto como simbolicamente ajoelharmo-nos, baixar a cabeça, olhar o céu, ou prostrarmo-nos por terra. Façamo-lo com o corpo e teremos fé. Acredito nisso como Blaise Pascal. Comovem-me muito as orações em público, coletivas. Todos ao mesmo tempo em estado de oração, todos sozinhos, mas lado a lado, todos se afirmando em igualdade e humildade, iguais no reconhecimento e na necessidade de uma transcendência a que cada um dará a forma que sabe dar. E sem a qual não sabemos viver. E todos o chamamos de Deus.

Não há ato de maior responsabilidade política que esta afirmação coletiva do homem para além do tempo. Que esta afirmação pública da consciência da morte. E que é afinal reconhecimento do outro. Da humanidade. O *Agnus Dei* é a oração que para mim melhor resume este entendimento do que é orar. Diz-se *Dona Nobis Pacem*. Para um cristão é a aceitação do que, segundo São João, Cristo na última ceia disse que deixava aos outros homens. E falamos no plural. E abraçamos o outro, tocamos no seu corpo. Depois de ritualmente afirmarmos o mistério da fé, o da Encarnação, que em conjunto celebramos porque acreditamos que Deus está para sempre no meio de nós: acreditamos no Mistério da sua aliança com o homem. Na paz. Também "a oração que Deus nos ensinou", o "Pai-Nosso", é dita na missa com um nós. Rezar em conjunto com um gesto coletivo ou repetindo em conjunto palavras que se tornaram litúrgicas é amar os outros, é reconhecer em todas as gerações a obra de Deus. Reconhecer a nossa vaidade.

Mas há outra forma de oração.

Conta São Mateus que Cristo teria dito no Sermão da Montanha: "se quiseres rezar, entra no teu quarto e fecha a porta". Rezar é estar sozinho, sozinho diante de Deus. E foi aí que ensinou palavras comuns para os que não sabem que palavras ter para falar com Deus, que não precisa de palavras porque tudo sabe. Repetimo-las coletivamente na missa, mas julgo que, nesse momento, mais do que falar com Deus, estamos afirmando-nos como Igreja, como coletivo humano crente. Se orar é falar com Deus, não são precisas palavras para a oração. Deus não fala com palavras. É o Verbo. Só falou em hebreu, segundo a doutrina, quando se fez Homem. Cristo, segundo São João, falou ao Pai com palavras diante de outros homens na última ceia com os apóstolos. Para que ficasse escrito. Mas Deus, na sua eternidade, está, e está "no segredo". A oração, mais do que palavras, é estar com Deus.

É louvá-lo. É tentar estar perante a ideia de Infinito, é como diz um iconoclasta ateu, Jean Genet, sobre o ator: conseguir a solidão absoluta, dançar para a sua própria imagem. Reconhecer-se. Transfigurar-se. É a queda da máscara. É a liberdade. E é, no nosso caso de cristãos, o momento da máxima alegria, a consciência do valor sagrado da vida. É o momento sem mentira. O encontro do homem com a sua responsabilidade individual.

Só depois de conhecermos este estado de oração poderemos celebrar em conjunto e fará sentido dizermos na missa em coro: "Pai nosso que estais nos céus, santificado seja o vosso nome". E nunca nos esqueçamos de que ninguém nos pode obrigar a acreditar. Livremente dizemos o Credo, e isso não tem valor legal. Cristo, que sempre nos serve de exemplo, antes de ser denunciado por Judas, quando quis orar, afastou-se dos discípulos três vezes, quis estar só no Monte das Oliveiras, entendendo-se por orar falar com o Pai, falar com Deus. Diz Mateus que ele disse a Deus: "Se for possível, afasta de mim este cálice mas faça-se segundo a tua vontade". Não sei como Mateus adivinhou, e não creio que Cristo lhe tivesse vindo contar, mas, sendo próprio do homem falar e em estado de oração, entende-se que queira, como os homens, proferir palavras para estar com Deus. Nessa oração do horto ficou o paradigma de todas as orações. Perante o infinitamente grande, o homem pede ajuda, mas aceita que lhe seja negada por Deus. É a mais humana das orações aquela que Nosso Senhor Jesus Cristo proferiu antes de morrer: "Meu Deus, por que me abandonaste?". E foram afinal estas as palavras com que o homem sempre falou com Deus no momento de sofrimento. Falou ao seu silêncio. E as orações aos deuses pagãos não são também assim? Os deuses é que eram outros. Não eram ainda o Verbo. Custa-me identificar a prece, o pedido a Deus, com o estado de oração. Mas o pedido a Deus é afinal a maneira que, na sua imperfeição, o homem, conhecendo a infelicidade, sempre encontra para entrar em estado de oração. Mais do que esperar resposta, está aceitando ser tão pequeno perante a história, ou seja, o tempo e o mistério da vida. Nessa humilhação estará com Deus. É aí, com a perda do medo, a aceitação da imperfeição, na conquista da alegria, que para mim começa a oração. A missa integra as várias formas de oração, começando pela humildade do *Kyrie*, mas cantando o Aleluia perante as palavras das Escrituras, que não escrevemos mas que herdamos, e precedendo a consagração com a afirmação do reconhecimento de Deus no *Sanctus*. O que já é estado de oração é a partilha exposta das "palavras" e dos gestos que vamos inventando para a alegria: a arte. O poema mais belo e mais simples é o Cântico das Criaturas de São Francisco, que alguém traduziu assim:

Louvado seja Deus na natureza,
Mãe gloriosa e bela da Beleza,
E com todas as suas criaturas;
Pelo irmão Sol, o mais bondoso
E glorioso irmão pelas alturas,
O verdadeiro, o belo, que ilumina
Criando a pura glória – a luz do dia!

Louvado seja pelas irmãs Estrelas,
Pela irmã Lua que derrama o luar,
Belas, claras irmãs silenciosas
E luminosas, suspensas no ar.

Louvado seja pela irmã Nuvem que há de
Dar-nos a fina chuva que consola;
Pelo Céu azul e pela Tempestade;
Pelo irmão Vento, que rebrama e rola.

Louvado seja pela preciosa,
Bondosa água, irmã útil e bela,
Que brota humilde. É casta e se oferece
A todo o que apetece o gosto dela.

Louvado seja pela maravilha
Que rebrilha no Lume, o irmão ardente,
Tão forte, que amanhece a noite escura,
E tão amável, que alumia a gente.

Louvado seja pelos seus amores,
Pela irmã, mãe Terra e seus primores,
Que nos ampara e oferta seus produtos,
Árvores, frutos, ervas, pão e flores.

Louvado seja pelos que passaram
Os tormentos do mundo dolorosos,
E, contentes, sorrindo, perdoaram;
Pela alegria dos que trabalham,
Pela morte serena dos bondosos.

Louvado seja Deus na mãe querida,
A natureza que fez bela e forte:
Louvado seja pela irmã Vida
Louvado seja pela irmã Morte.

A literatura, sim, a música, a poesia, o cinema, o teatro, a pintura, são estados de oração. São a nossa pobre maneira de ver a Deus: criar beleza. E só por pudor, por consciência da nossa impossibilidade de falar com o Absoluto, dirige Sophia ainda à Musa, divindade antiga, aquilo que é uma das mais belas orações em língua portuguesa.

Musa, ensina-me o canto
Venerável e antigo
O canto para todos
Por todos entendido

Musa, ensina-me o canto
O justo irmão das coisas
Incendiador da noite
E na tarde secreto

Musa, ensina-me o canto
Em que eu mesma regresso
Sem demora e sem pressa
Tornada planta ou pedra

Ou tornada parede
Da casa primitiva
Ou tornada o murmúrio
Do mar que a cercava

(Eu me lembro do chão
De madeira lavada
E do seu perfume
Que atravessava)

Musa, ensina-me o canto
Onde o mar respira
Coberto de brilhos

Musa, ensina-me o canto
Da janela quadrada
E do quarto branco

Que eu possa dizer como
A tarde ali tocava
Na mesa e na porta
No espelho e no corpo
E como os rodeava

Pois o tempo me corta
O tempo me divide
O tempo me atravessa
E me separa viva
Do chão e da parede
Da casa primitiva

Musa, ensina-me o canto
Venerável e antigo para prender o brilho
Dessa manhã polida
Que pousava na duna
Docemente os seus dedos
E caiava as paredes
Da casa limpa e branca

Musa, ensina-me o canto
Que me corta a garganta

Que a Musa nos ensine o canto, que nos ensine a orar porque não sabemos falar com Deus. Ou façamos o gesto de quem não sabe falar quando alguém se ajoelha e ergue os braços para as nuvens. Chamemos como Francisco de Assis, irmão ao Sol, irmã à Lua, irmãs às Estrelas, irmã à Vida e irmã à Morte. São maneiras de dar graças. Ajudam-nos a conhecer a Deus.

A forma de rezar, o ritual da oração, as palavras com que no ritual se celebra *per saecula saeculorum* o estado de oração como estado superior da consciência, a missa dos católicos, devia ser o ato por excelência da afirmação política da fé, do reconhecimento de Deus, a base e a razão de ser da Igreja. Mas que a oração seja livre e sempre à medida de cada um.

> Musa, ensina-me o canto
> Imanente e latente
> Eu quero ouvir devagar
> O teu súbito falar
> Que me foge de repente.
>
> Musa, ensina-me o canto
> Que me corta a garganta.
>
> Ou que o nosso corpo nos transcenda.

**Luís Miguel Cintra**

**Nota do editor:** Este livro foi escrito originalmente em Portugal, e, portanto, segue a sazonalidade do Hemisfério Norte, com as estações do ano invertidas em relação às do Hemisfério Sul. Assim, quando é verão no Brasil, é inverno em Portugal; da mesma forma que quando é primavera aqui, é outono lá. Isso poderá ser notado a seguir em alguns textos que descrevem a relação entre tempo litúrgico e estações do ano.

## Introdução
Umas palavras

Nietzsche deixou escrito que só acreditaria num Deus que dançasse. Humildemente, apetece-me ajuntar: eu também. De fato, aquilo que parece ser apenas um severo emblema de negação, pode tornar-se uma fórmula para segredar a crença. Acredito num Deus que dança, isto é, num Deus que não se isenta do devir nem permanece neutro em relação às nossas histórias. Acredito num Deus imiscuído, engajado, detectável até pelo impreciso radar dos sentidos, suscetível de ser invocado pelos motores de busca das nossas persistentes interrogações ou do nosso silêncio. Deus não está unicamente para lá da fronteira do pensável e do dizível: está também aquém; nós vivemos no espanto interminável da sua presença; e as nossas palavras, por pobres que sejam, constituem pontes de corda lançadas sobre a amplidão do mistério. Gosto da forma como Simone Weil propõe que se traduza o prólogo do Evangelho de São João: em vez de "no princípio era o Verbo", ela defende "no princípio era a relação". Para quem reza, esta tradução não é indiferente. A oração não se constrói de palavras, mas de relação. Não são as palavras o mais importante, mas a celebração de um encontro.

Durante muito tempo, recusei publicar os textos que se seguem, talvez porque, sendo textos para rezar, não os considere completamente meus. O ideal seria que circulassem sem assinatura, que pudessem ser encurtados ou ampliados ao sabor das ocasiões e das sensibilidades. Vital na oração é mesmo a experiência do encontro. As palavras são apenas o assobio que anuncia os passos do viandante que chega ou que parte.

Devo, no entanto, uma palavra de gratidão à Rádio Renascença e ao projeto "Passo-a-rezar", que me desafiaram a criar estas orações, das quais fui o primeiro orante, e que, posteriormente, me incentivaram à publicação, contando esta com as imagens delicadíssimas do João Norton, sj. E devo um obrigado sem tamanho a Luís Miguel Cintra, pela magnífica meditação que abre o volume, que é agora completamente seu, leitor, "mon semblable, mon frère".

**José Tolentino Mendonça**

# Livro das pausas

**PAUSA I**
Eis
que
o inverno
já passou

Deixa que a respiração profunda do
teu ser aconteça. Só isso.
Não interrogues nem busques.
Deixa que seja Deus a procurar-te.
Não caminhes.
Deus virá ao teu encontro.
Não procures contemplar.
Permite, antes, que Deus te contemple.
Não rezes. Deixa que, em silêncio,
ele reze o que tu és.

Do Livro
do Cântico
dos
Cânticos
(2,8-14)

"A voz de meu amado! Ei-lo que chega, correndo pelos montes, saltando sobre as colinas. O meu amado é semelhante a um gamo ou a um filhote de gazela. Ei-lo que espera, por detrás do nosso muro, olhando pelas janelas, espreitando pelas janelas. Fala o meu amado e diz-me: 'Levanta-te! Anda, vem daí, ó bela amada! Eis que o inverno já passou, a chuva parou e foi-se embora; despontam as flores na terra, chegou o tempo das canções, e a voz da rola já se ouve na nossa terra; a figueira faz brotar os seus figos e as vinhas floridas exalam perfume. Levanta-te! Anda, vem daí, ó bela amada! Pomba que te aninhas nas fendas dos rochedos, no escondido dos penhascos: deixa-me ver o teu rosto, deixa-me ouvir a tua voz. Pois a tua voz é doce e o teu rosto encantador'."

O poeta Ruy Belo escreveu: "Espero pelo verão como quem espera por uma outra vida". Tu também esperaste por este verão. Os invernos interiores prolongaram-se. Quase sem dares conta, o teu coração tornou-se um oceano gelado. Mas, agora, Deus faz ressoar a notícia: "Eis que o inverno já passou, a chuva parou e foi-se embora". Desponta também dentro de ti um tempo novo. Saboreia esse tempo. Ele é visitação de Deus que te incita: "Levanta-te!". E ainda de novo "Levanta-te".

O amado diz à amada, que é a nossa alma, o nosso íntimo: "deixa-me ver o teu rosto, deixa-me ouvir a tua voz. Pois a tua voz é doce e o teu rosto, encantador". Medita nestas palavras. Não é apenas tu que tens sede e desejo de Deus. Deus deseja a tua presença. Corre de mil maneiras ao teu encontro. Encanta-se contigo.

Permite que Deus veja mesmo o teu rosto. Deixa Deus revelar no teu rosto a beleza e a paz que sozinho não consegues ver.

*Volta interiormente à memória do poema bíblico. E agora, de olhos fechados, envolve todos os teus sentidos na oração: escuta o rumor de Deus que vem; vê como dentro de ti tudo se transforma à sua chegada; tateia a sua presença; sente o odor do perfume que ele espalha; saboreia a doçura, apenas.*

Levanta agora para Deus o teu olhar. E mesmo sem ver, contempla. Dirige para Deus a tua prece. E mesmo sem palavras, fala. Estende para Deus as tuas mãos. E sem nada prender, toca. Abre para Deus o teu ouvido. E escuta o que ele te diz neste silêncio. Alimenta-te agora de Deus. E saboreia o que ultrapassa todo o sabor.

**PAUSA II**
Reparai
nos lírios

Como se banhasses neste momento
as mãos e o rosto numa fonte fresca,
prepara-te assim para a oração. Sem
pressas, sente a frescura da água
e como ela torna límpidos também os
teus gestos. A oração é um regato
que corre. Com o ouvido do teu
coração, começa agora a ouvi-lo.

Do
Evangelho
segundo
São Lucas
(12,22-32)

"Jesus disse aos discípulos: 'Não vos preocupeis quanto à vossa vida, com o que haveis de comer, nem quanto ao vosso corpo, com o que haveis de vestir; pois a vida é mais que o alimento, e o corpo mais que o vestuário. Reparai nos corvos: não semeiam nem colhem, não têm despensa nem celeiro, e Deus alimenta-os. Quanto mais não valeis vós do que as aves! Reparai nos lírios, como crescem! Não trabalham nem fiam; pois eu digo-vos: nem Salomão, em toda a sua glória, se vestiu como um deles. Se Deus veste assim a erva, que hoje está no campo e amanhã é lançada no fogo, quanto mais a vós, homens de pouca fé! Procurai, antes, o seu Reino, e o resto vos será dado por acréscimo. Não temais, pequenino rebanho, porque aprouve ao vosso Pai dar-vos o Reino'."

"Reparai nos pássaros", "Reparai nos lírios". Jesus convida-te a expandir o olhar, libertando-o dos rotineiros circuitos. Há quanto tempo não reparas?

É tão fácil os olhos colarem-se ao chão e as visões ficarem reduzidas ao minúsculo círculo do eu! O desafio de Jesus é mudar a escala do nosso olhar. Repara além de ti. Fernando Pessoa escreveu: "nós somos da altura do que vemos". O que tens visto? E como?

A preocupação pela vida material não pode esgotar toda a tua procura, como se a vida dependesse unicamente de ti. Recebeste a vida e és chamado a recebê-la continuamente para a poderes passar. No centro da vida está a confiança. No centro do turbilhão atrapalhado que a vida se torna, está a falta de confiança. Medita nas palavras de Jesus: "Não temais, pequenino rebanho, porque aprouve ao vosso Pai dar-vos o Reino". O Pai conhece a tua fragilidade, sabe que és pequeno. Não temas. Nem hoje nem nunca. "Aprouve ao vosso Pai dar-vos o Reino". Estás preparado para recebê-lo?

*Volta ao texto bíblico e sente que as palavras de Jesus te são dirigidas. No texto há uma série de formas verbais no modo imperativo. Centra-te nelas especialmente. Deixa Jesus reconstruir o teu olhar e refazer profundamente a tua confiança.*

Conversa com Jesus sobre duas ou três coisas que tornam inseguro o modo como vês a vida. Entrega-lhe as tuas preocupações. Ele diz: "Não te preocupes". Ele liberta-te desse peso. Pede-te que reaprendas a confiança num Deus que é Pai. A arte de viver é a arte de confiar.

**PAUSA III**
Um tempo
para cada
coisa
que se
deseja

Reservaste este tempo para o
encontro com Deus.
A oração faz do tempo um templo.
Qualquer que seja o tempo que
estejas vivendo, sente-o,
neste momento, como tempo favorável.
"Este é o dia favorável, este é o tempo
da Salvação."

Escuta
hoje o
Livro do
Eclesiastes
(3,1-8)

"Para tudo há um momento e um tempo
para cada coisa que se deseja debaixo do céu:
tempo para nascer e tempo para morrer,
tempo para plantar e tempo para arrancar
o que se plantou,
tempo para matar e tempo para curar,
tempo para destruir e tempo para edificar,
tempo para chorar e tempo para rir,
tempo para se lamentar e tempo para dançar,
tempo para atirar pedras e tempo para as ajuntar,
tempo para abraçar e tempo para evitar o abraço,
tempo para procurar e tempo para perder,
tempo para guardar e tempo para atirar fora,
tempo para rasgar e tempo para coser,
tempo para calar e tempo para falar,
tempo para amar e tempo para odiar,
tempo para guerra e tempo para paz."

Nós somos duração. Trazemos em nós a memória e o presente de tempos muito diversos. Conhecer-se é tomar consciência desses tempos que coexistem em nós mesmo no seu contraste. Há o nascer e morrer. O plantar e colher. O chorar e rir. O abraçar e o perder. Não podes escolher só um tipo de tempo, porque depois de um vem outro. Às vezes, bem desejaríamos poder parar o tempo. Mas como ensina Jung: "O importante não é ser perfeito. O importante é ser inteiro". Pede ao Senhor dos tempos esse dom da inteireza.

Medita neste ponto: "Para tudo há um momento e um tempo para cada coisa que se deseja debaixo do céu". Tu sabes isso? E saber isso te dá humildade no triunfo e fortaleza nas dificuldades? Tens procurado adquirir aquela liberdade interior que não te deixa ser sequestrado pelo tempo?

Aprendeste a esperar ou, pelo contrário, desespera-te rapidamente? E manténs afastada a tentação do cinismo?

"Há um tempo" que é o de Deus e é a chave para todos os tempos.

*Torna a visitar o texto bíblico. Dele provém uma sabedoria para a tua vida. Acolhe-a com prontidão e simplicidade.*

No colóquio coloca o teu coração diante de Deus. Ele é o Senhor do tempo e da eternidade. Ele é o Deus paciente. Ele é o amigo de todos os tempos. Suplica-lhe a sabedoria de viver cada tempo na abertura à sua vontade. A sabedoria de discernir os tempos e de conduzi-los à plenitude verdadeira que só o amor assinala.

**PAUSA IV**
Visto
que és
precioso
a meus
olhos

Prepara-te para a oração. Tranquiliza os teus pensamentos como se estivesses para entrar num jardim sossegado. Desaperta os nós com confiança. Aproxima-te. Diz no teu coração: "Senhor, eis-me aqui". Diz com mais verdade: "Senhor, eis-me aqui".

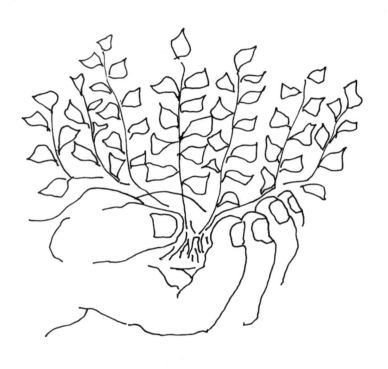

Do Livro
do Profeta
Isaías
(43,1-5)

"E agora, eis o que diz o Senhor,
o que te criou, ó Jacó,
o que te formou, ó Israel:
'Nada temas, porque eu te resgatei,
e te chamei pelo teu nome; tu és meu.
Se tiveres de atravessar as águas, estarei contigo,
e os rios não te submergirão.
Se caminhares pelo fogo, não te queimarás,
e as chamas não te consumirão.
Porque eu, o Senhor, sou o teu Deus;
eu, o Santo de Israel, sou o teu salvador.
Visto que és precioso aos meus olhos,
que te estimo e te amo,
não tenhas medo, que eu estou contigo'."

Por algum motivo, não era este o tempo de férias que tinhas previsto. Sentes-te, de repente, mergulhado em águas agitadas. Tens caminhado debaixo de fogo e de chamas. Muitas vezes o peso áspero da solidão faz com que o medo se apodere de ti. "Nada temas, porque eu te resgatei." "Não tenhas medo, que eu estou contigo." Ouve a voz do Deus que te conhece. Confia nas suas palavras:
"Sou o teu Deus", "Sou o teu Salvador".

Medita as palavras: "Visto que és precioso aos meus olhos, que te estimo e te amo, não tenhas medo, que eu estou contigo". Um dos nossos pecados é a depreciação de nós próprios. Arrumamos a nossa vida com apressados juízos. Achamos que não temos valor e que são merecidos os naufrágios e os incêndios que, em silêncio, que em segredo, nos consomem. "És precioso aos meus olhos." Deus declara-nos incessantemente o seu Amor. "És precioso." Deixa o amor de Deus fazer dentro de ti o seu caminho. Deixa a ternura de Deus curar-te.

*Regressa às palavras de Isaías e, desta vez, coloca acento não nas difíceis provas que o teu coração experimenta, mas nas garantias da fidelidade de Deus. Ele te criou. Ele te formou. Ele te chama pelo nome. Ele diz: "Eu estou contigo".*

Dá graças a Deus pelo seu amor. Sente-te levantado do chão e consolado. Agradece a presença de Deus, que transforma e alarga a tua visão. Aceita a missão de testemunhares o bem que Deus hoje te fez.

**PAUSA V**
A tua
bondade
e o teu
amor

O verão é talvez a tua estação nômade. Deixaste a tua casa, o teu mundo habitual em busca de outras paisagens. A oração é também uma forma de viagem. O orante desloca-se. "Desde a aurora te procuro", confessa o salmista. A surpresa é sabermo-nos procurados.

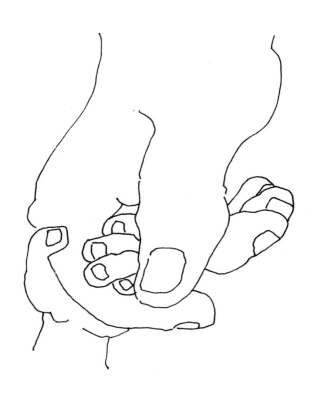

Toma
contigo o
Salmo 23

"O Senhor é meu pastor: nada me falta.
Em verdes prados me faz descansar
e conduz-me às águas refrescantes.
Reconforta a minha alma
e guia-me por caminhos retos, por amor do seu nome.
Ainda que atravesse vales tenebrosos,
de nenhum mal terei medo
porque tu estás comigo.
A tua vara e o teu cajado dão-me confiança.
Preparas a mesa para mim
à vista dos meus adversários;
unges com óleo a minha cabeça;
a minha taça transborda.
A tua bondade e o teu amor hão de acompanhar-me
todos os dias da minha vida,
e habitarei na casa do Senhor
para todo o sempre."

É uma imagem que se vai tornando rara, mas ainda acontece: ao deixar o bulício da cidade avistam-se rebanhos pelos campos e, junto ao rebanho, o pastor. No mundo bíblico era uma situação tão comum que viria a investir-se de importante força simbólica. O salmista pode, por isso, dizer: "O Senhor é meu Pastor". Pergunta-te: o que significa? E também: o que significa para mim?

És tu o cordeiro, a ovelha, e Deus é o Pastor. Deixa-te conduzir. Repete como tuas as palavras do Salmo: "Nada me falta", "Em verdes prados me faz descansar", "Estás comigo", "Preparas a mesa para mim". Deixa que Deus cuide, de fato, da tua necessidade e do teu desejo, da tua luz e da tua sombra, da tua noite e do teu riso. Sente-te, mesmo se frágil e pequeno, um locatário da sua incomensurável bondade.

*Deixa que o texto regresse, que ele desdobre para ti os seus sentidos. Deixa subir em ti lentamente a transparência de Deus.*

Estás diante de Deus. Fala-lhe. A via intelectual por si só é incompleta e árida. Segue a via afetiva. Partilha a vida corrente, aquilo de que estás provido ou desprovido. Não busques a evasão, mas a verdade. Dá graças pelo dom de Deus. Agradece a dança luminosa desse dom em ti.

**PAUSA VI**
Brincando
continuamente
na sua
presença

Por vezes a nossa oração naufraga
porque é demasiado séria.
A oração também se faz de leveza,
também se soletra como uma súbita
fome de infância, como o alvoroço
repentino dos amigos
que se reencontram depois dos dias
cinzentos. A oração não é um enigma,
é um encontro.

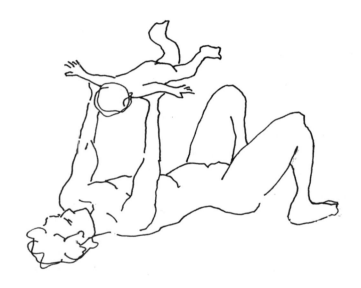

Do Livro
dos
Provérbios
(8,22-31)

"O Senhor criou-me, como primícias das suas obras,
desde o princípio, antes que criasse coisa alguma.
Desde a eternidade fui formada,
desde as origens, antes dos primórdios da terra.
Ainda não havia os abismos;
ainda as fontes das águas não tinham brotado;
antes que as montanhas fossem implantadas,
antes de haver outeiros, eu já tinha nascido.
Ainda ele não tinha criado a terra nem os campos,
nem os primeiros elementos do mundo.
Quando assentou os fundamentos da terra,
eu estava com ele como arquiteto,
e era o seu encanto, todos os dias,
brincando continuamente em sua presença;
brincava sobre a superfície da Terra,
e as minhas delícias é estar junto dos filhos dos homens."

É espantoso o modo como este trecho fala da sabedoria de Deus. Ela existe desde sempre, muito antes que a nossa vida acontecesse e preside à criação. Ela é o sopro de Deus, o portal e a estrutura, o édito e o indício que torna tudo real. A sabedoria de Deus, porém, aparece brincando e brincando continuamente. Que quer isto dizer? Que quer isto te dizer? O sentido utilitário afunila a oração. A gratuidade amplia-a. É importante rezar sem ser por nada. Como dizia o místico Silesius, "a rosa é sem porquê".

Toma como meditação a ideia do brincar, de que a Sabedoria de Deus fala: "Eu brincava continuamente na sua presença". O teólogo Romano Guardini diz que a liturgia e a oração só são bem celebradas por quem percebe o que significa um brinquedo. Tu brincas diante de Deus, isto é, colocas nele o teu prazer, a tua gratuidade, o teu repouso? Trazes os minutos contados ou brincas "continuamente"? Lembra-te que é quando dás a tua vida que ela se torna indizivelmente tua.

*Retorna ao relato da sabedoria de Deus. Sai do teu crepúsculo e senta-te a seu lado debaixo do céu imenso que amanhece. Busca a delícia.*

Senhor, as grandes transformações acontecem no silêncio. Ajuda-me a calar o ruído das minhas falsas necessidades, o ruído do consumismo material e espiritual, a pressa com que me encho de coisas, de palavras e de desculpas para não estar, para não ser simplesmente. Que não reduza o encontro contigo àquela conversa das pessoas sérias que não dizem nada. Que a tua presença seja o assombro que sacia.

**PAUSA VII**
Semelhante
ao vidro
transparente

É por dentro das coisas que as coisas são. O mergulhador abre os olhos dentro do mar. O alpinista abre os olhos não além da montanha, mas dentro dela, partindo dela. Os viajantes modernos atravessam o interior das nuvens. É por dentro que as coisas se revelam.
O orante abre os olhos dentro de Deus.

Do Livro
do
Apocalipse
(21,9-22)

"Depois, um dos sete anjos transportou-me, em espírito, a uma grande e alta montanha e mostrou-me a cidade santa, a nova Jerusalém, que descia do Céu, de junto de Deus. Tinha o resplendor da glória de Deus: brilhava como pedra preciosa, como pedra de jaspe cristalino; tinha uma grande e alta muralha com doze portas: ao oriente havia três portas, ao norte três portas, ao sul três portas e ao ocidente três portas. Os alicerces da muralha da cidade estavam incrustados com toda a espécie de pedras preciosas. As doze portas eram doze pérolas. Cada uma das portas era uma só pérola. E a praça da cidade era de ouro puro, semelhante ao vidro transparente. Templo, não vi nenhum na cidade; pois o Senhor Deus, o Todo-Poderoso, e o Cordeiro são o seu templo."

Nós somos ainda habitantes da velha Jerusalém. A nossa cidade parece-se ainda a um labirinto desigual e desordenado, com o seu peso vacilante.

É para lá dos nossos cotidianos que colocamos o desejo intacto e o brilho. A oração, porém, dá-nos uma dupla cidadania. Na oração vemos já o que "desce do Céu, de junto de Deus". Os orantes são antecipadores, argonautas do silêncio e da visão, contemplativos do futuro.

Medita no que ouviste: "Templo, não vi nenhum na cidade; pois o Senhor Deus, o Todo-Poderoso, e o Cordeiro são o seu templo". Deus é o nosso templo. A tua oração não depende de lugares. A tua oração não é um edifício exterior e puramente humano. A tua oração é uma experiência. Orar é experimentar Deus. Abrir os olhos dentro do seu mistério, sentindo que fazes parte dele.

*Volta de novo ao livro da revelação. A leitura imprima o texto não apenas na tua memória, mas sobretudo no teu coração.*

Um Anjo "transportou" João em Espírito e levou-o a ver. Sentes que Deus te transporta? E que vês tu do miradouro da tua oração? Conversa com Deus sobre isso. Pede perdão pelas tuas resistências, se não tens deixado que o Espírito dê balanço e altura à tua vida. Pede a graça de abrir os olhos mais além, de ver mais fundo. Diz no teu coração: "não pode ser só isto". Não percas Deus de vista.

# Livro dos andamentos

## I
## QUERIA
## DIZER MAIS

Senhor, hoje queria dizer mais. Queria que a minha oração não fosse este rumor de sempre, as mesmas palavras disparadas às pressas, entre uma coisa e outra; ou o balbucio esquivo, cheio de tudo o que eu não disse, porque não encontrei o tempo, o modo ou a verdade. Hoje queria dizer mais. Não trago intenções nem pedidos. Tenho pensado no que seria pedir-te não apenas que olhes por mim (isso fazes continuamente, mesmo se me esqueço de pedir), mas que olhes para mim. Dia após dia, sinto que, mais do que tudo, preciso do teu olhar. Talvez me faltem palavras... Queria apenas colocar devagar as minhas mãos dentro das tuas. E isso seria, Senhor, a minha oração e a minha vida.

II
# CURANDO AS FERIDAS DA TERRA

Hoje rezo as palavras da ecologista queniana que recebeu o prêmio Nobel da Paz: "curando as feridas da terra, estaremos curando as feridas do nosso próprio coração". Que sabedoria este pensamento guarda! Vivemos debruçados sobre os nossos tormentos privados, absorvidos pelas dificuldades dos que estão mais perto, buscando soluções apenas no plano imediato. Esquecemos que é curando as feridas da terra, é levantando os olhos para lá do nosso quintal, é no exercício global da confiança que as nossas pequenas dores podem resolver-se. A oração a que nos convocas não será este desafio a ver mais longe e mais profundamente?

III
**DÁ-NOS
A VIDA
INTACTA**

Ilumina, Senhor, o que resta em nós da noite. O escuro fixa-se à vida, propaga-se uma treva pelos corredores da casa, a esperança que tanto queríamos tem as luzes apagadas há tanto tempo! Tropeçamos dentro de nós, e por toda parte, em fios que não vemos. Assistimos ao nascer do teu dia, mas nem sempre renascemos para ele, já que nos aprisionam os laços de seda desta e daquela escuridão, que bem conheces. Ilumina, por isso, Senhor, os pátios da tristeza pequenina que contamina tudo. Entreabre-nos à tua verdade, que é o cotidiano vigor dos nossos recomeços. Faz-nos olhar a maré alta, o oceano vasto, as coisas simples e plenas como sinais do que somos chamados a ser. Alimenta-nos do pão claro da alegria. Dá-nos a vida intacta.

IV
**É BOM
SABER QUE
ESPERAS
POR TODOS**

Senhor, ninguém vive tão à espera como tu! Na tua misericórdia esperas por todos: pelos que estão longe e pelos que estão perto. Pelos que se lembram e pelos que têm o coração submerso no esquecimento mais fundo. Pelos que todos os dias rezam a ti: "Vem, Senhor" e por aqueles cuja oração é uma ferida silenciosa, um tormento ou uma revolta. É bom saber que esperas por todos. E que na imensidão compassiva da tua espera cada um pode reaprender o sentido verdadeiro da esperança.

V
# NÃO PODE SER SÓ ISTO

O Natal do comércio chega de um dia para o outro. Fácil, tilintante, confuso, pré-fabricado. É um Natal visual. Um amontoado de símbolos. Um ar do tempo. Dentro de nós, porém, sabemos que não é assim. Para ser verdade, o Natal não pode ser só isto. Não pode servir apenas para uma emoção social, para um rodopio de compensações, compras e trocas. Para ser verdade, o Natal tem de ser fundo, pessoal, despojado, interpelador, silencioso, solidário, espiritual. Acorda em nós, Senhor, o desejo de um Natal autêntico.

# VI
# AO ENCONTRO
# DOS
# POBRES

Senhor, a temperatura baixou. Quando atravesso a rua para entrar no calor do automóvel, ou sinto a proteção das estações do Metrô, dos cafés, do interior dos locais de trabalho, penso nos que dormem e vivem ao relento. É verdade que somos todos, de alguma maneira, gente sem abrigo. Que, em certas horas de solidão ou de sofrimento, trazemos todos a alma enregelada na imensidão ferida do nosso peito. Mas, quando a temperatura cai, só me é possível rezar para que o teu Espírito Santo nos desassossegue, nos desinstale, nos faça caminhar ao encontro dos mais pobres.

# VII
# TODOS OS DIAS
# A VIDA
# RECOMEÇA

É bom saber, Senhor, que todos os dias a vida recomeça. A força criadora da vida não se empalidece no labirinto dos afazeres, nem a destroem a turbulência de certas geografias ou a penumbra de algumas horas. A vida, a nossa vida, mesmo frágil e trêmula é soberana. Pode sempre se refazer, se transfigurar, se vestir de música súbita. A vida parece-se à dança, humilde e fantástica, que os pássaros desenham – coisas para sabermos antes de todas as aprendizagens.

## VIII
## AS NOSSAS MÃOS VAZIAS, COMO SE REZASSEM

Senhor, eis-nos à espera. No fundo das nossas correrias, no coração destes dias agitados, que nos dividem literalmente ao meio, entre mil pequenas tarefas e mil pequenos pensamentos, há um silêncio que soletra o teu nome. No fundo de nós sabemos que só um Deus nos pode salvar. Pode até parecer, no meio de tanto ruído, que te dispensamos. Pode até acontecer que não tenhamos a força dos verdadeiros gestos de Natal. Mas eis-nos à espera. Acredita que, por vezes, enquanto trocamos cartões, augúrios, presentes, há um momento em que as nossas mãos ficam vazias, fixas no ar, como se rezassem. É quando te pedimos que faças brilhar em nós a estrela luminosa do teu Natal.

IX
**QUE SEGREDO
TEM
O NATAL?**

Pergunto-me, Senhor, que segredo tem o Natal? Há um milagre que acontece dentro de nós, só pode ser um milagre, pois é como se a vida se reacendesse. Contemplando o presépio, percebo que este é um milagre humaníssimo que Deus suscita aos nossos olhos. Ele amou-nos tanto que nos deu o seu próprio Filho. O milagre do Natal assenta sobre este dom absoluto, que nos faz perceber que só somos à medida que nos damos. E que a vida renasce, como dádiva, na ponta dos dedos, no olhar, nas palavras.

X
**NÃO DESISTIR
DA LUZ**

Senhor, não sei bem o que será viver só de luz. Estou tão habituado a coisas que acabam, ao dia e à noite, aos prazos breves de duração! Vou aceitando como inevitáveis sombras, silêncios, opacidades... E, contudo, hoje o que te peço é que me ajudes a não desistir da luz. Não quero, Senhor, recolher apenas, em uma caixa, as figuras do presépio, como se fossem sinais de um teatro anual que monto para a minha consciência. Não consigo arrumar numa gaveta as palavras que o Natal me deixou...

XI
# NÃO TERMOS MEDO DO ESSENCIAL

"Nós reduzimos o Natal a uma festa do tubo digestivo." Li esta frase num dos últimos artigos assinados por Victor Cunha Rego, e desde aí, se penso nela, acho que a alma me fica doendo por muito tempo, embrulhada numa daquelas desolações que só tu entendes. Ponho-me a pensar em nós, "tão pobres que somos", a tentar esconder isso, feridas, fragilidades, interrogações, limites, debaixo da toalha de uma abundância ofuscante, feita de caprichos, embrulhos e confeitaria. Quando tu, Senhor, nos vens precisamente dizer para não termos medo do essencial.

## XII
## "SEGUNDA-FEIRA AO SOL"

Sei que ainda é inverno. E que talvez, em alguma parte, hoje chova. Mesmo assim me apetece rezar o título de um filme que vi, *Segunda-feira ao sol*. Apetece-me, Senhor, começar esta semana não apenas com o peso das coisas que retomamos, com a nossa labuta de formigas no carreiro, com o esforço até hostil que o cotidiano reclama. Hoje queria rezar, ainda que em pleno inverno, para que não nos abandone nunca a paixão pela luz. Que dentro de nós existam todo ano esplanadas silenciosas onde a amizade se reencontra, falas tecidas sem pressa, caminhos que nos conduzem às verdades simples da vida, disponibilidade para o gratuito, desejo de contemplação.

XIII
## ORAÇÃO DO TEMPO

Senhor, de todas as perguntas com que tu me deixas, há uma que cresce dentro de mim: "Que fazes do teu tempo?". Sabes, perco-me nas tarefas, nas voltas a dar, nesta e naquela responsabilidade, num imprevisto... e no meio disso tudo, confesso, o tempo da minha vida assemelha-se mais a uma fuga que a uma sementeira. Hoje queria pedir-te que me desses a sabedoria de viver e de repartir o meu tempo. Ajuda-me a realizar o meu trabalho e o meu lazer, o meu esforço e a minha pausa como tempos de dádiva e de encontro. Como tempos que não sejam apenas tempo, mas circulação de vida, de entusiasmo, de criação e de afeto.

## XIV
## AQUELA PRIMAVERA QUE AINDA NÃO VEMOS

Estamos demasiado habituados a rezar as nossas alegrias ou as nossas dores, as nossas esperanças ou os nossos desalentos. No fundo, rezamos aquilo que está manifesto, desenhado por um sorriso ou por uma lágrima, assinalado por uma data... Nesta manhã queria rezar aqueles sentimentos intermédios, aquelas vontades secretas que nos habitam, aqueles sonhos que pulsam ainda sem uma forma definida, mas que nos colocam no caminho da esperança e da escuta. Protege em nós, Senhor, a semente daquela primavera que ainda não vemos, mas cuja gestação escondida o teu Espírito já começou.

XV
**A VIDA
EM PROCESSO
DE
FLORESCIMENTO**

São os primeiros dias da Quaresma, Senhor. Eu sei que este é um tempo para pôr a vida em processo de florescimento. Vivemos triturados na digestão que o mundo faz de nós próprios. Trazemos o ser hipotecado ao ter. Corremos de um lado para outro, reféns e instrumentos, mais do que autônomos e criativos. Mergulhar no caminho quaresmal (de oração, de penitência, de caridade...) liberta-nos, concede-nos um olhar novo sobre as coisas, cria no nosso coração zonas de disponibilidade para o que é essencial, possibilita o exercício do pensamento e do discernimento, melhora o sentido de humor, fortalece o ser.

## XVI
## DEIXAR NO PASSADO AQUILO QUE FOI DO PASSADO

"Fazei o vosso exame de consciência, mas seja como limpar mesmo os sapatos; não aconteça que leveis continuamente convosco a lama ou a recordação da lama do caminho." Veio, Senhor, ao meu encontro esta frase de Charles Péguy, e pareceu-me cheia de uma pertinente sabedoria. É preciso limpar o coração, purificá-lo de sombras, vincos, desgastes e ressentimentos.

Mas, depois, há também que deixar para trás a lama dos dias passados e viver cada dia, cada encontro, cada compromisso de um modo inaugural e límpido. Ajuda-me a deixar no passado aquilo que foi do passado e a viver o desafio que o presente me solicita.

## XVII
## FAZER JEJUM DAS PALAVRAS

Senhor, ajuda-nos a fazer jejum das palavras. Das palavras desnecessárias, ruidosas, poluídas. Das palavras dúplices e opulentas, das palavras que atropelam, das palavras injustas, das palavras que divergem e atraiçoam, das palavras que separam. Ajuda-nos a jejuar das palavras que te escondem, das palavras em que o amor não emerge, das palavras confusas, ressentidas, atiradas como pedras, das palavras que muralham a comunicação, das palavras que nada mais permitem senão palavras. E que neste jejum, abramos mais o coração àquele silêncio no qual os encontros verdadeiros se insinuam.

## XVIII
## UMA EXIGÊNCIA QUE DESCOBRIMOS DENTRO DO DOM

Tu estás perto, Senhor, de quem vive com misericórdia, pois tu és misericordioso e compassivo. Ajuda-nos a entender e a praticar a esmola como uma exigência que descobrimos dentro do dom que é, afinal, toda a vida, bem como os bens que possuímos. Recebemos de graça aquilo que somos chamados a dar. É claro que não se trata apenas de uns tostões que metemos apressadamente nas mãos de alguém, se somos chamados a isso. A esmola é condivisão real, solidária, empenhada. A esmola é expressão de uma justiça a que não estamos obrigados, mas à qual o teu amor nos impele. Ensina-nos a partilhar, e a fazê-lo com alegria.

## XIX
## UMA SUCESSÃO DE COMEÇOS

Ponho-me a pensar naquela frase de São Gregório, "a vida é uma sucessão de começos", pois queria muito que este tempo correspondesse a um efetivo recomeço para a minha vida. Não é por acaso que a Quaresma coincide com o irromper da primavera. Há um nítido apelo primaveril, um sopro de renovação, um sobressalto, um novo alento a acolher na proposta adulta e exigente do caminho quaresmal. Não me deixes, Senhor, agarrado aos meus invernos. Não permitas que me conforme ao mar gelado do coração. Dia a dia, com realismo, o degelo aconteça. Ajuda-me a renascer.

## XX
## OS DIAS TORNAM-SE CLAROS

Os dias tornam-se claros, Senhor. À medida que as horas de luz aumentam, parece que cresce também a extensão interior do tempo. Gosto do pleno azul dos céus, pois ele nos restitui o sabor indiviso da tua plenitude. Gosto da nitidez que a matéria ganha, porque sei que nela se manifesta a evidência do Espírito. Gosto de pensar que hoje subirei pelas ruas iluminadas de sol, pois isso espelha a tua promessa de que venceremos a vida penumbrosa e sombria.

## XXI
## ESSAS COISAS SOLETRAM A CONSOLAÇÃO

Chegam já, Senhor, em cada dia, discretos sinais do que virá: o amarelo das primeiras flores da mimosa, o verde tenro das heras sobre os muros, a luz que se despede sempre um pouco mais tarde. Essas coisas, que quase nem vemos, soletram a consolação que tu, o Criador, ofereces às tuas criaturas. A nós, que vivemos a desolação dos invernos do mundo, anuncias a vizinhança da primavera. E, ao nosso coração, fazes perceber que isso não é apenas uma notícia, é também uma expressão da promessa.

## XXII
## O TEU AMOR
## QUE NOS ACEITA
## POR INTEIRO

Rezo nesta manhã o teu amor, ó Deus. O teu amor que nos aceita por inteiro, que abraça o que somos e o que não somos; o que nós fomos e o que nos tornamos. O teu amor que ama as nossas possibilidades infinitas e indefinidas; os nossos desabrochares esperançosos e as nossas quedas frustrantes; as nossas liberdades insensatas e a nossa timidez hesitante. O teu amor ensina-nos a confiança e continuamente relança a nossa história.

XXIII
**ENTRE A QUINTA
E A SEXTA-FEIRA
SANTAS**

Senhor, todas as vidas cabem na imagem cotidiana, quase trivial, do pão que se parte e reparte. As vidas são coisas semeadas, crescidas, maturadas, ceifadas, trituradas, amassadas: são como pão. Não apenas degustamos e consumimos o mundo: dentro de nós vamos percebendo que o mundo também nos consome, nos gasta, nos devora. Somos uma massa que se quebra, um miolo que se esfarela, uma espessura que diminui.
A questão é saber com que consciência, com que sentido, com que intensidade vivemos este tráfico inevitável. Todos nós gastamos, certo. Mas em que comércios? Todos sentimos que a vida se parte. Mas como tornar esse fato uma forma de afirmação fecunda e plena da própria vida?

# XXIV
# ORAÇÃO
# DA MANHÃ
# DE PÁSCOA

Dá-nos, Senhor, a coragem dos recomeços. Mesmo nos dias quebrados, faz-nos descobrir limiares límpidos. Não nos deixes acomodar ao saber daquilo que foi: dá-nos largueza de coração para abraçar aquilo que é. Afasta-nos do repetido, do juízo mecânico que banaliza a história, pois a desventra de qualquer surpresa e esperança. Torna-nos atônitos como os seres que florescem. Torna-nos livres, deslumbrantemente insubmissos. Torna-nos inacabados como quem deseja e de desejo vive. Torna-nos confiantes como os que se atrevem a olhar tudo, e a si mesmos, uma primeira vez.

## XXV
## PENTECOSTES

Espírito Santo, sopro de nova criação, tu renovas o nosso tempo interior. Resgatas das paredes altas os nossos olhos. Enxugas os turbilhões dos nossos medos. Agitas o pessimismo em que aprisionamos a vida. Iluminas o profundo, mostrando tanto bem que ignoramos. Incitas nossas mãos para o dom de si. Entusiasmas os crentes para que se revelem como filhos de Deus. Preparas a reconciliação como o vinhateiro prepara a sua vinha. Seguras, firme, o fio da esperança do qual tudo se suspende. Alegras, em todos os quadrantes, aqueles que vislumbram a tua dança. Decifras a prece que o nosso silêncio te murmura.

## XXVI
## A VENTANIA DE DEUS

Penso nos vários sentidos que a palavra Espírito tem no texto bíblico: sopro, hálito vital, vento... E é isso que me apetece rezar esta manhã, Senhor. Sopra sobre o indeciso, venha o sussurro do teu alento íntimo renovar o hesitante, a ventania de Deus nos mova. Parecemo-nos tanto a embarcações travadas, velas erguidas sem a energia de novas praias, de intactos e aventurosos cabos... Os nossos barcos rodam apenas em redor de si próprios.
Manda, Senhor, a pulsão do Espírito, o ânimo criador que incessantemente nos coloca ao encontro da novidade e da beleza do teu Reino.

## XXVII
## DOMINGO DA SANTÍSSIMA TRINDADE

Rezo à Santíssima Trindade. Rezo a Deus que, sendo Único, me ensina o sentido Trinitário da existência. Todo amor deve aspirar a tornar-se trino, pois a inclusão do terceiro é o seu critério de verdade. É tão tentador trancar o coração no individualismo ou no conforto de uma relação dual; é tão fácil excluir o terceiro! O terceiro é aquele que escancara a vida a uma lógica de pura gratuidade. Já não sou eu próprio e o meu sentir. Nem é apenas a complementaridade necessária que o segundo me oferece. O terceiro obriga-me a descolar de mim. A fazer do centro não as minhas necessidades e desejos, mas o dom, a dádiva, o amor. Hoje rezo à Santíssima Trindade.

# XXVIII
# BEM-AVENTURANÇAS

Foi então que tu me respondeste, Senhor:
Bem-aventurados os que no coração se reconhecem pobres, pois é deles tudo o que há de vir.

Bem-aventurados os que existem mansamente, pois a terra os escolherá para herdeiros.

Bem-aventurados os que rompem o acordo de implacáveis certezas, pois são outros os caminhos da consolação.

Bem-aventurados os que sentem, pela justiça, fome e sede verdadeiras: não ficarão por saciar.

Bem-aventurados os que estendem largos os gestos de misericórdia, pois a misericórdia os iluminará.

Bem-aventurados os que se afadigam pela paz: isso torna os mortais filhos de Deus.

Bem-aventurados os que não turvam seu olhar puro, pois no confuso do mundo verão passar o próprio Deus.

## XXIX
## PAI-NOSSO
## DO BREVIÁRIO
## CALDEU

Pai nosso invisível que estás nos Céus
seja santificado em nós o teu Nome
porque, no teu Espírito Santo,
Tu próprio nos santificaste.

Venha a nós o Teu Reino,
Reino prometido a quantos amam teu amor.
Tua força e benevolência repousem
sobre teus servos
aqui em mistério e lá na tua misericórdia.

Da mesa que não se esgota,
dá alimento à nossa indigência
e concede-nos a remissão das culpas,
Tu que conheces nossa debilidade.

Nós te pedimos:
Salva aquilo que criaste
E livra-o do maligno que procura o que devorar.

A ti pertencem Reino, poder e glória, Ó Senhor.

Não prives da tua bondade os santos!

XXX
# O GOSTO DOS CAMINHOS RECOMEÇADOS

O que te peço, Senhor, é a graça de ser. Não te peço sapatos, peço-te caminhos. O gosto dos caminhos recomeçados, com suas surpresas e suas mudanças. Não te peço coisas para segurar, mas que as minhas mãos vazias se entusiasmem na construção da vida. Não te peço que pares o tempo na minha imagem predileta, mas que ensines meus olhos a encarar cada tempo como uma nova oportunidade. Afasta de mim as palavras que servem apenas para evocar cansaços, desânimos, distâncias. Que eu não pense saber já tudo acerca de mim e dos outros. Mesmo quando não posso ou quando não tenho, sei que posso ser, ser simplesmente. É isso que te peço, Senhor: a graça de ser de novo.

## XXXI
## REZAR COM VERSOS ROUBADOS DE CUMMINGS

que o meu coração esteja sempre aberto aos pequenos
pássaros que são o segredo da vida
seja o que for que cantem é melhor do que saber
os homens, se não os ouvem, estão velhos

que a minha mente passeie faminta
e destemida e sedenta e flexível
e possa eu estar errado mesmo que seja domingo
porque os homens que têm certezas não são jovens

e que eu próprio não faça nada de útil
e te ame ainda mais do que sinceramente
nunca houve ninguém que não conseguisse chamar
a si o céu inteiro com um sorriso

## XXXII
## TANTAS QUESTÕES PERMANECERÃO SEM RESPOSTA

A vida, Senhor, é um mistério tão grande! Por que há o tempo? Por que existimos nós? Por que se ama? Por que se chora? Por que há a noite e o dia, o silêncio e o som? Quem disse a primeira palavra ou fez a primeira pergunta? Por que buscamos todos coisas que não encontramos? Diante do enigma da vida, tantas questões permanecerão sem resposta! Gosto de pensar que, no meio de todo o mistério, o essencial brilha na linha de rumo traçada por estas palavras de Jesus: "Sede misericordiosos como Deus Pai é misericordioso e ele lançará ao vosso regaço uma medida larga que transborda!".

# XXXIII
# MAIS VALE SER COMPLETO

Jung dizia uma coisa de grande sabedoria: "mais vale ser completo do que ser perfeito". Ora, isso é também uma grande verdade cristã. O que tu nos pedes não é a perfeição, mas a confiança. O importante é que nos coloquemos, como somos, nas tuas mãos. As pessoas mais perfeitas que conheço são o contrário do perfeccionismo. Aceitam com humildade e persistência as suas imperfeições, aprenderam a sorrir dos próprios enganos e limites, e precisamente porque procuram viver na fidelidade aos ideais, sabem fugir das idealizações. Ensina-nos, Senhor, o amor por nós mesmos, que passa por esta aceitação, que nada tem de conformismo, e tudo deve à esperança.

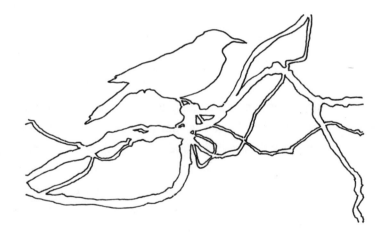

## XXXIV
## A PAZ DO CAMINHO

Lembro-me muitas vezes, Senhor, daquilo que me disse um peregrino que passou por mim no caminho de Santiago, quando me viu sentado, com a mochila ao canto, pondo mercúrio nas feridas. "É tão bom ter tempo para conversar com si próprio!" – atirou-me ele. E eu que ainda pensava estar apenas tratando dos pés. Mas, de repente, senti que se não me aceitasse (a mim e às feridas que surgiram) e não entabulasse um diálogo integrador comigo mesmo, não tornaria a encontrar a paz do caminho.

## XXXV
## MAIS IMPORTANTES QUE OS TALENTOS SÃO OS DONS

No início deste dia, ajuda-nos, Senhor, a ver claro que o importante não é o que podemos oferecer aos outros, mas quem podemos ser para os outros. Que não nos ocultemos no cômodo casulo da indiferença ou da mera correção. Nem nos esgotemos nos corredores desolados das pressões e da pressa. Que este dia traga a oportunidade de partilharmos o dom de nós próprios. Mais importantes que os talentos são os dons, porque por estes é que exprimimos a nossa condição de filhos bem-amados.

## XXXVI
## O CAMINHO PARA A LIBERDADE

Tu sabes, Senhor, que o caminho para a liberdade não é um caminho fácil. Libertarmo-nos da opacidade do nosso egoísmo, sacudirmos a teia ambígua das nossas dependências, buscar a verdade em todas as situações e confrontar-se com ela, não se faz sem luta interior, sem sofrimento. Muitas vezes nos sentimos atravessando desertos que se prolongam. Não faltarão momentos em que a vontade pesa, quase a ponto de desistirmos. Mas faltar à chamada da liberdade é romper a aliança com a plenitude para a qual incessantemente nos convocas.

XXXVII
**O DOM
DOS AMIGOS**

Hoje, Senhor, quero te dar graças pelo dom dos amigos. Sei que, por meio deles, te tornas presente em minha vida. Reconheço-te, tantas vezes, no amor gratuito, na presença alegre e incondicional, no modo como tornam firmes os fios que estremecem. Reconheço-te num postal que chega ou num e-mail inesperado. Reconheço-te do outro lado do telefone, acenando-me na rua, naqueles dois dedos de conversa que nos permitem sermos nós próprios.

XXXVIII
**O FERMENTO
DE DEUS**

Os que se afadigam com duros fardos,
Os que esgotaram entre canseiras sua porção:
Como ramo que reverdece, terão ainda vigor.

Os de ânimo abatido levantarão o olhar;
Uma estrela guiará nossos passos dispersos:
Não mais seremos expostos à solidão.

Ao que chora será dito: "alegra-te!".

Ao da margem alguém gritará:
"Junta-te ao júbilo da dança!".

Os que lamentam tesouros gastos
Reaprenderão a esperar pelo orvalho.

E em qualquer canto da terra,
Quem reparte a vida e a beleza
Será chamado de fermento de Deus.

# XXXIX
# ENSINA-ME
# A COMPAIXÃO

Peço-te, Senhor, pela compaixão. Não me permitas subir pelo tempo afora aparelhado de uma indiferença crescente. Não me deixes supor o mundo, com todas as suas dores, como um flagelo distante. Não consintas no meu virar de cara rotineiro; na minha surdez aos desgostos alheios; na dureza prática com que encaro as fragilidades que irrompem na vida dos outros. Ensina-me a compaixão, a misericórdia, o cuidado. Ensina-me a prece verdadeira que dos gestos do bom samaritano subia até ti.

## XL
## A SABEDORIA
## DA PAZ

Dá, Senhor, à nossa vida a sabedoria da paz. Que o nosso coração não naufrague na lógica de tanta violência disseminada ao nosso redor. Que os sentimentos de dor ou de despeito não sufoquem a necessidade dos gestos de reconciliação, a urgência de uma palavra amável que rompa as paredes do silêncio, o reencontro dos olhares que se desviam. Dá-nos a força de insinuar no inverno gelado em que, por vezes vivemos, o ramo verde, a inesperada flor, a claridade que é esta irreprimível e pascal vontade de recomeçar.

## XLI
## NÃO NOS DEIXES CAIR EM TENTAÇÃO

"E não nos deixeis cair em tentação." Rezo devagar estas palavras, fazendo-as minhas. Não me deixes, Senhor. Não me deixes quando as paredes do tempo se tornam instáveis, e as palavras de hoje têm a dureza do pão amassado ontem. Não me deixes quando recuo porque é difícil, quando quase me inclino perante a idolatria do que é cômodo e vulgar. Não me deixes atravessar sozinho os baços corredores da incerteza, ou perder-me no sentimento do cansaço e da desilusão. Não me deixes tombar na maledicência e no descrédito quanto à vida. Que a tua mão levante à altura da luz a minha esperança!

## XLII
## POBRES E SILENCIOSOS DIANTE DE TI

Faltam-nos, por vezes, palavras para rezar. Estamos diante de ti, Senhor, sem saber bem, numa pobreza que dói. Abrimos e fechamos as mãos num monólogo mudo, levantamos o nosso olhar estilhaçado, sentimo-nos perdidos naquela desmesurada distância da parábola do Filho Pródigo... Não te peço, Senhor, que elimines de imediato esta carência. Peço que a ilumines. Que não receemos permanecer, pobres e silenciosos, diante de ti. Fazendo oração com os fragmentos, os retalhos, os soluços... Com o peso daquilo que nos esmaga. Pois é verdade que na hora do sofrimento tu nos escutas, e na desolação não deixas de ouvir a nossa voz.

## XLIII
## É BOM PARA NÓS ESTARMOS AQUI

Às vezes, ponho-me a pensar, Senhor, naquelas palavras que Pedro diz a Jesus em plena experiência da Transfiguração: "É bom para nós estarmos aqui!" (Mt 17,4). Pedro não parece preocupado em aumentar a sua informação, em aproveitar aquela ocasião para se lançar noutra coisa qualquer. Ele está simplesmente. Está deliciado, sentindo o prazer profundo da manifestação da Divindade de Jesus, saboreando aquele presente, sem mais. Ajuda-nos, Senhor, a repetir como Pedro: "É bom para nós estarmos aqui!". Há quanto tempo não dizemos tal coisa? E, contudo, também são para nós essas palavras, também são para nós.

# XLIV
# AS MÃOS INVISÍVEIS DE DEUS

Tomo o desafio daquela anotação deixada por Fernando Pessoa: "a realidade é o gesto visível das mãos invisíveis de Deus". E rezo a realidade. A minha, a do mundo que conheço, a daqueles que ignoro. Rezo a realidade: incompleta, imperfeita, sonhadora, descabida, espantosa. Rezo a sua rugosidade, as pregas que fazem doer e também a inaudita transparência, a aventura, o gosto que a realidade tem. Saiba eu apenas, Senhor, em cada porção de vida reconhecer o movimento das tuas mãos invisíveis!

## XLV
## O QUE NASCE DO TEU SILÊNCIO

Conta-se que os Padres do Deserto, quando chegava alguém pela primeira vez, não falavam. Recebiam o outro em silêncio. Porque pensavam: "Se o meu silêncio não o conseguir iluminar, quanto mais a minha palavra". "Ama o silêncio acima de tudo, ele transporta um fruto que a língua é incapaz de descrever. No nosso silêncio nasce alguma coisa que nos atrai ao silêncio. Que Deus te conceda compreender e acolher o que nasce do teu silêncio." É isso que hoje te peço, Senhor. Que eu guarde o teu silêncio com confiança e que ele abra, pouco a pouco, o meu coração à escuta não só do presente, das necessidades do presente, mas também daquilo que há de vir.

# XLVI
# ESTA
# MEMÓRIA
# SILENCIOSA

Um desses dias, Senhor, lembrava-me um amigo de que no cotidiano vivemos ainda a memória da nossa vida pré-natal: todos trazemos a marca profunda da feliz imersão nas águas maternas. Era isto que queria rezar, esta memória silenciosa que inscreve, desde sempre, a tua presença de amor na minha vida. Antes que tudo fosse em mim, tu eras. Sei que desde sempre me viste; que escutaste os meus balbucios como se fossem palavras; que, quando o meu ser era gerado no escondimento, tu me protegias e embalavas; escrevias, com esperança, todos os meus dias no teu coração; esperavas por mim em alegria e segredo.

XLVII
**A SIMPLICIDADE
DE DEUS**

Acho que entendo, Senhor. Não é apenas aquilo que é devido que tu nos pedes. O respeito, o cuidado e a boa vontade que devemos aos outros, isso já está assente. Aquilo de que somos responsáveis, o que é conveniente, esperado, mesmo o que é justo, não são essas as tuas expectativas a nosso respeito. Definitivamente, o céu não é uma condecoração por bom comportamento. Não te satisfaz que tenhamos a sabedoria de retribuir, mas a ousadia do dom inesperado, da oferta imerecida. Não só o respeito, mas também o empenho e a generosidade. Não só a cordialidade educada, mas a alegria evangélica e o seu excesso. No fundo, desejas que também nós atuemos por graça, pois só a gratuidade introduz no intrincado da história a tua simplicidade.

# XLVIII
# ESTAS PALAVRAS ARRANHADAS PELO USO

Hoje pensei, Senhor, que a oração se pode fazer de todas as palavras. Não têm de ser palavras solenes ou rituais, colhidas num formulário. A oração se tece com as nossas palavras de todos os dias, estas palavras arranhadas pelo uso, estas palavras que são tão nossas que quase nos identificam, pois pegadas a si trazem o peso e o sonho, a dificuldade e a alegria do que nos habita.

## XLIX
## O MODO COMO VIVEMOS O TEMPO

Às vezes, ponho-me a pensar no modo como vivemos o tempo. Abro aquela página do Livro do Eclesiastes: "Há um tempo para tudo debaixo do céu: tempo de nascer e tempo de morrer; tempo de plantar e tempo de colher; tempo de chorar e tempo de rir; tempo de atirar pedras e tempo de as recolher; tempo de abraçar e tempo de se separar; tempo de perder e tempo de buscar...". Como viver, no fundo de nós, na nossa entranhada verdade, cada um destes momentos? Como torná-los fonte de sabedoria e de esperança que irradia? Senhor, Deus do tempo e da eternidade, conduz o nosso coração!

L
# DE
# GEÓGRAFOS
# A
# VIAJANTES

A oração faz-nos passar de falantes a experimentadores; de geógrafos a viajantes; torna-nos peregrinos. A oração tem este critério de verdade: não são as palavras que repetimos o mais importante. O que a gente verdadeiramente não esquece, Senhor, é o toque do teu olhar misericordioso, a delicadeza extraordinária da tua misericórdia que se derrama sobre as nossas feridas, desacordos e incertezas. O que a gente não esquece é a experiência da graça desenhada pela tua presença, a maior parte das vezes até silenciosa, mas que brilha dentro das nossas noites com o brilho da estrela que anuncia a manhã.

LI
**PARA REZAR
JUNTO
AO MAR**

A dada altura no Evangelho de São Mateus pode-se ler: "Jesus saiu de casa e foi sentar-se junto do mar" (Mt 13,1). Ponho-me a pensar nas nossas pequenas migrações de verão. Milhões de pessoas repetem este gesto de Jesus. Eu acredito que, tal como os outros gestos de Jesus, nesse também há um significado libertador. Há uma liberdade que o vento fresco do mar arrasta para o nosso coração. Somos habitados por uma fome de vastidão, de silêncio e de beleza que a contemplação do oceano consola. Porque, como escrevia Fernando Pessoa, somos da altura do que vemos e não simplesmente da nossa altura.

## LII
## A OUSADIA
## DO GRATUITO

Dá-nos, Senhor, a capacidade de um gesto gratuito, pois o gratuito nos salva. Há a luta pela vida, o tráfego apressado e sempre comprometido dos nossos passos, a necessidade do dinheiro, dos bens, disto e daquilo, em nome de quem hipotecamos tempo, esforço, criatividade... Mas, dentro de nós, permanecemos sedentos. Falta-nos, por vezes, um ato puro de liberdade. Um ato que manifeste o que, no segredo, nós somos. Por isso te pedimos hoje a ousadia de um gesto gratuito: nem que seja abrir uma janela e olhar o céu; nem que seja reparar com ternura no rosto dos que nos rodeiam; nem que seja um frágil minuto de silêncio diante da tua imensidão.

LIII
## OS ANOS LETIVOS QUE COMEÇAM

Gosto de pensar, Senhor, que não são apenas os anos letivos que começam, mas também nós. É dentro da nossa vida que conjugamos começos e recomeços, reencontros e descobertas... É dentro da nossa vida que as folhas são mais brancas, essas folhas onde anualmente escrevemos "lição número 1". A aventura do saber faz sentido se ajuda, se interroga, se aprofunda a nossa maior aventura, que é aquela do ser.

## LIV
## RECEBER CADA DIA COMO UM DOM

Ajuda-me, Senhor, a receber cada dia como um dom. Ajuda-me a reconhecer que nada me falta, que tu me dotaste de tudo aquilo que é necessário para fazer da vida uma coisa feliz e com sentido. Mesmo que me falte o universo inteiro, nada verdadeiramente me falta. Mesmo que eu espere muito do amanhã, devo saber que tenho tudo hoje. Ajuda-me a despoluir o olhar agravado por juízos, consumos, ressentimentos. Que eu saiba acolher a vida como a oportunidade que ela é.

## LV
## MESMO QUANDO ME DISPERSO ESTOU CAMINHANDO PARA TI

Por vezes, Senhor, é do fundo do meu esquecimento que grito por ti. Mais do que as palavras, mais do que a minha presença provisória e débil, entrego-te hoje a oração do meu esquecimento, este pano longo e branco que desenrolo diante de ti, este meu tatear no mundo como se te não visse, estes meus ouvidos ensurdecidos à tua palavra, estes meus avanços e recuos, este meu atabalhoado andar de criança que tu amparas solícito, porque sabes, até melhor do que eu, que mesmo quando me disperso estou caminhando para ti.

LVI
# VISITE-NOS, SENHOR, TUA ALEGRIA

Visite-nos, Senhor, tua alegria. Seja ela o dom que sustém esta hora da nossa vida. Tenha o poder de reedificar o caído, de aclarar a tenda que a noite atribulou, de unir aquilo que a tristeza ou o cansaço interrompeu. Seja ela o sinal da leveza com que nos vês, a carícia que nos estendes no tempo, o assobio que inaugura as tréguas. Dá-nos, Senhor, neste dia, a alegria como alento revitalizador. Inscreva ela em nós o sabor da vida abundante e multiplicada; perfume cada um dos nossos gestos com o outono dos frutos; traga às nossas palavras a luz com que as folhas douram e avermelham os caminhos de uma repentina doçura.

LVII
**A ESTRADA
DA ALEGRIA**

Faz-nos trilhar, Senhor, a estrada da alegria. No simples, no próximo, no escondido da vida ajuda-nos a ouvir a pequena sinfonia da alegria e a abrir, com solenidade, para ela as portas indecisas do tempo que corre. Só quem saboreia as pequenas alegrias dá-se verdadeiramente conta das grandes. Só quem rejubila com a alegria dos outros percebe que ela é, em cada um de nós, uma onda puríssima que se expande. Ajuda-nos a inscrever a alegria como tarefa e, ao mesmo tempo, a mantermo-nos disponíveis para o modo surpreendente e gratuito da sua vinda.

LVIII
**A ESTRADA
DA LIBERDADE**

Faz-nos trilhar, Senhor, a estrada da liberdade. Ajuda-nos a ver, nos nossos braços fatigados, asas. Nos obstáculos mais hirtos, desafios que nos modelam. Nos nossos limites de hoje, as portas que havemos de transpor amanhã. Recorda-nos cada dia que estamos prometidos à imensidão e à transparência. Há uma arte do ser que fica muitas vezes ignorada: que nós a descubramos, humildes, mas também vibrantes, acreditando-nos amados e por isso capazes de uma plenitude feliz. Que o sentido da aventura interior se sobreponha ao nosso modo sonâmbulo e assustado. E, depois de termos pedido o pão, tenhamos a sabedoria de pedir ainda o desejo e o espanto.

## LIX
## A ESTRADA
## DA MANSIDÃO

Faz-nos trilhar, Senhor, a estrada da mansidão. Ajuda-nos a contrariar a ferocidade do tempo, fora e dentro de nós. Que a tua paz seja a fonte secreta que tudo sustenta. Tudo provenha dessa paz sem vencidos nem vencedores. Dessa paz que acalma as ameaças e os cercos implacáveis. Dessa paz pronunciada ao mesmo tempo como firmeza e doçura.

Dá-nos mansidão nas palavras que tão facilmente se tornam impermeáveis e nos propósitos que a competição empurra para uma agressividade sempre mais dura.

Que cheguemos à mansidão das paisagens reconciliadas como pequenos cursos de água quase sem rumor, fazendo florir a terra.

LX
**A ESTRADA
DA CONFIANÇA**

Faz-nos trilhar, Senhor, a estrada da confiança. Dá-nos um coração capaz de amar serenamente aquilo que somos ou que não somos, aquilo com que sonhamos ou as coisas que não escolhemos e que, contudo, fazem parte da nossa vida. Ensina-nos a devolver a todos os teus filhos e a todas as criaturas a extraordinária bondade com que nos amas. Não permitas que o nosso espírito se feche no medo ou no ressentimento: ensina-nos que é possível olhar a noite não para dizer que pesa em todo lugar o escuro, mas que a qualquer momento uma Luz se levantará. Dá-nos ousadia de criar e recriar continuamente mesmo partindo daquilo que não é ideal nem perfeito. E, quando nos sentirmos mais frágeis ou sobrecarregados, recebamos, com igual confiança, a nossa vida como um dom e cada dia como um dia de Deus.

## LXI
## A ESTRADA DA MISERICÓRDIA

Faz-nos trilhar, Senhor, a estrada da misericórdia. Dá a cada um de nós a capacidade de acolher apenas, sem juízos prévios nem cálculos. Dá-nos a arte de acolher o trêmulo, o ofegante, o frágil modo com que a vida se expressa. Torna-nos atentos ao desenho silencioso e áspero dos dias; à dor profunda e, porém, quase anônima a nosso lado; ao grito sem voz; às mãos que se estendem para nós sem as vermos; à necessidade que nem encontra palavras. Ensina-nos que fomos feitos para a misericórdia e que ela é a sabedoria que tu, Senhor, mais amas.

## LXII
## PELO BOM USO DO ESTUDO

Dá, Senhor, ao nosso estudo o prazer e o sentido das coisas verdadeiras. Ensina-nos a aprofundar aquilo que já sabemos e a reconhecer, com humildade, o que ainda ignoramos. Livra-nos do estudo sem motivação nem horizonte, do decorar mecânico que exclui o entendimento. Livra-nos da dispersão que nos despeja longe da própria vida. Que aprender seja uma aventura apaixonada em busca da verdade, não apenas de um triunfo. Concede-nos o bom humor que nos disponha a viver o estudo com alegria, porque um simples sorriso é tão sábio como um difícil conceito. Ajuda-nos a ser solidários e cooperantes, pois o saber fecundo sabe servir.

## LXIII
## OS AMIGOS QUE NOS DESTE

Obrigado, Senhor, pelos amigos que nos deste. Os amigos que nos fazem sentir amados sem porquê. Que têm o jeito especial de nos fazer sorrir. Que sabem tudo de nós, perguntando pouco. Que conhecem o segredo das pequenas coisas que nos deixam felizes. Obrigado, Senhor, por essas e esses, sem os quais caminhar pela vida não seria o mesmo. Que nos aguentam quando o mundo parece um lugar incerto. Que nos incitam à coragem só com a sua presença. Que nos surpreendem, de propósito, porque acham ruim tanta rotina. Que nos fazem ver um outro lado das coisas, um lado fantástico, diga-se. Obrigado pelos amigos incondicionais. Que discordam de nós permanecendo conosco. Que esperam o tempo que for preciso. Que perdoam antes das desculpas. Essas e esses são os irmãos que escolhemos. Os que colocas a nosso lado para nos devolverem a luz pura e aérea da alegria. Os que trazem, até nós, a música imprevisível do teu coração, Senhor.

LXIV
**ORAÇÃO
PELAS FÉRIAS**

Dá-nos, Senhor, depois de todas as fadigas,
um tempo verdadeiro de paz.

Dá-nos, depois de tantas palavras,
o dom do silêncio que purifica e recria.

Dá-nos, depois das insatisfações que travam,
a alegria como um barco nítido.

Dá-nos a possibilidade de viver sem pressa
deslumbrados com a surpresa
que os dias trazem pela mão.

Dá-nos a capacidade de viver de olhos abertos,
de viver intensamente.

Dá-nos de novo a graça do canto
do assobio que imita a felicidade aérea
dos pássaros,
das imagens reencontradas,
do riso partilhado.

Dá-nos a força de impedir
que a dura necessidade
esmague em nós o desejo
e a espuma branca dos sonhos se dissipe.

Faz-nos peregrinos
que no visível escutam
a secreta melodia do invisível.

# SUMÁRIO

Prefácio
A oração
Luís Miguel Cintra     7

Introdução
Umas palavras     17

## Livro das pausas

Pausa I
Eis que o inverno já passou     21

Pausa II
Reparai nos lírios     25

Pausa III
Um tempo para cada coisa que se deseja     29

Pausa IV
Visto que és precioso a meus olhos     33

Pausa V
A tua bondade e o teu amor                                          37

Pausa VI
Brincando continuamente na sua presença                             41

Pausa VII
Semelhante ao vidro transparente                                    45

## Livro dos andamentos

I. Queria dizer mais                                                51
II. Curando as feridas da terra                                     53
III. Dá-nos a vida intacta                                          54
IV. É bom saber que esperas por todos                               55
V. Não pode ser só isto                                             57
VI. Ao encontro dos pobres                                          58
VII. Todos os dias a vida recomeça                                  59
VIII. As nossas mãos vazias, como se rezassem                       60
IX. Que segredo tem o Natal?                                        61
X. Não desistir da luz                                              62
XI. Não termos medo do essencial                                    63
XII. "Segunda-feira ao sol"                                         64
XIII. Oração do tempo                                               65
XIV. Aquela primavera que ainda não vemos                           67
XV. A vida em processo de florescimento                             68
XVI. Deixar no passado aquilo que foi do passado                    69
XVII. Fazer jejum das palavras                                      70
XVIII. Uma exigência que descobrimos dentro do dom                  71

| | |
|---|---|
| XIX. Uma sucessão de começos | 72 |
| XX. Os dias tornam-se claros | 73 |
| XXI. Essas coisas soletram a consolação | 74 |
| XXII. O teu amor que nos aceita por inteiro | 75 |
| XXIII. Entre a quinta e a sexta-feira santas | 76 |
| XXIV. Oração da manhã de Páscoa | 77 |
| XXV. Pentecostes | 79 |
| XXVI. A ventania de Deus | 80 |
| XXVII. Domingo da Santíssima Trindade | 81 |
| XXVIII. Bem-aventuranças | 82 |
| XXIX. Pai-nosso do breviário caldeu | 83 |
| XXX. O gosto dos caminhos recomeçados | 84 |
| XXXI. Rezar com versos roubados de Cummings | 85 |
| XXXII. Tantas questões permanecerão sem resposta | 86 |
| XXXIII. Mais vale ser completo | 87 |
| XXXIV. A paz do caminho | 89 |
| XXXV. Mais importantes que os talentos são os dons | 90 |
| XXXVI. O caminho para a liberdade | 91 |
| XXXVII. O dom dos amigos | 92 |
| XXXVIII. O fermento de Deus | 93 |
| XXXIX. Ensina-me a compaixão | 94 |
| XL. A sabedoria da paz | 95 |
| XLI. Não nos deixes cair em tentação | 96 |
| XLII. Pobres e silenciosos diante de ti | 97 |
| XLIII. É bom para nós estarmos aqui | 98 |

| | |
|---|---|
| XLIV. As mãos invisíveis de Deus | 99 |
| XLV. O que nasce do teu silêncio | 100 |
| XLVI. Esta memória silenciosa | 101 |
| XLVII. A simplicidade de Deus | 102 |
| XLVIII. Estas palavras arranhadas pelo uso | 103 |
| XLIX. O modo como vivemos o tempo | 104 |
| L. De geógrafos a viajantes | 105 |
| LI. Para rezar junto ao mar | 106 |
| LII. A ousadia do gratuito | 107 |
| LIII. Os anos letivos que começam | 108 |
| LIV. Receber cada dia como um dom | 109 |
| LV. Mesmo quando me disperso estou caminhando para ti | 110 |
| LVI. Visite-nos, Senhor, tua alegria | 111 |
| LVII. A estrada da alegria | 113 |
| LVIII. A estrada da liberdade | 114 |
| LIX. A estrada da mansidão | 115 |
| LX. A estrada da confiança | 116 |
| LXI. A estrada da misericórdia | 117 |
| LXII. Pelo bom uso do estudo | 118 |
| LXIII. Os amigos que nos deste | 119 |
| LXIV. Oração pelas férias | 120 |

CONHEÇA TAMBÉM OUTROS TÍTULOS DO AUTOR
PUBLICADOS POR PAULINAS EDITORA

Rua Dona Inácia Uchoa, 62
04110-020 – São Paulo – SP (Brasil)
Tel.: (11) 2125-3500
paulinas.com.br – editora@paulinas.com.br
Telemarketing e SAC: 0800-7010081